Roy Publicae

Endkampf

Roy Publicae

Endkampf

Blutbund

Dictus Publishing

Imprint

Cover image: www.ingimage.com

Publisher:
Dictus Publishing
is a trademark of
International Book Market Service Ltd., member of OmniScriptum Publishing Group
17 Meldrum Street, Beau Bassin 71504, Mauritius
Printed at: see last page
ISBN: 978-613-7-35147-5

Inhaltsverzeichnis:

I. Endkampf[1]:

„Endkampf

gegen

den politischen Welt-Dämon

Merkel –

[1] Vgl. https://deutschelobbyinfo.com/2020/08/07/endkampf-gegen-den-politischen-welt-daemon-merkel-ist-2020-der-beginn-der-fortsetzung-von-1989/

ist

2020

der Beginn

der Fortsetzung

von 1989?“[2]

[2] Vgl. https://deutschelobbyinfo.com/2020/08/07/endkampf-gegen-den-politischen-welt-daemon-merkel-ist-2020-der-beginn-der-fortsetzung-von-1989/

1989 2020

„Vielleicht wird man einmal den 1. August 2020 als den Kampf-Auftakt in der BRD gegen den Welt-Dämon Merkel historisieren.

Aber machen wir uns nichts vor, weder die positivierten Zahlen von etwa 1,3 Millionen Teilnehmern, eher waren es 500.000, was allein schon unfassbar ist, noch die demofreudigen Teilnehmer werden das Merkel-System zum Abdanken bringen.

Was in Berlin am 1. August geschah, wie sich die nicht kampferprobte Masse noch den ausgesprochenen Verboten fügte, wie die „Widerständler“ noch teilnahmslos zusahen, wie Frauen von Polizisten fast kaputtgeprügelt wurden, obwohl sie mit ihrer Tausenderzahl die Merkel-Schergen leicht hätten überrollen können, lässt die Merkelisten trügerisch weiterhin ruhig schlafen.

Von diesen Leuten in der jetzigen Verfassung ist kein Umsturz zu erwarten.

Aber sie haben mit ihrem gewaltigen Auftritt tatsächlich ein neues Kapitel der BRD-Geschichte aufgeschlagen.

Sie haben in dieser nie dagewesenen Zahl und mit diesem Anti-Systembekenntnis den Untergang des von Merkel fortgesetzten DDR-Systems, genannt BRD, besiegelt.

Sie haben für einen Ruck im Kopf gesorgt, zwar noch nicht in den Parlamenten, aber im Kopf in ganz Deutschland.

Und das war das Entscheidende am 1. August.

Ein System stürzt in der Regel nicht ein, weil es seine Menschen unterdrückt und verfolgt.

So lange die Masse, die ohnehin politisch nichts sagen will, weil sie gar nichts von Politik versteht, einigermaßen wirtschaftlich gut auskommt, spielt es keine Rolle, ob die Regierung „diktatorisch“ oder „demokratisch“ unterjocht.

Die DDR wäre nicht kollabiert, wäre nicht die Wirtschaft und damit der Lebensstandard der Menschen immer weiter erodiert.

Vor allem in den staatlichen Betrieben der DDR wuchs die Unzufriedenheit zuletzt stark an.

Es fehlte an technischen Ausrüstungen, Ersatzteilen und Rohstoffen, sodass sich die Stillstandszeiten der Maschinen häuften.

Arbeitsorganisation und Arbeitsdisziplin waren miserabel und die Motivation der Beschäftigten näherte sich dem Nullpunkt.

Es kam nun häufiger vor, dass Einkäufe von knappen Konsumgütern während der Arbeitszeit erledigt wurden.

Immer öfter musste sich der Parteisekretär im Werk die Frage gefallen lassen, ob die Parteiführung überhaupt die reale Lage der Arbeiter kenne.

Da sich viele Werke, wie zum Beispiel in der Chemieindustrie, in einem beklagenswerten Zustand befanden, häuften sich die Betriebsunfälle und Havarien.

Im Chemiekombinat Bitterfeld herrschten Bedingungen, die die Gesundheit der Belegschaft akut gefährdeten.

Die unkontrollierte Freisetzung von Schadstoffen und das Ignorieren von Grenzwerten belasteten die Umwelt.

Dies führte zur Bildung von unabhängigen Natur- und Umweltschutzgruppen, insbesondere in den südlichen industriellen Ballungsgebieten der DDR.

Erst der Niedergang des allgemeinen Lebensstandards setzte die Energien für einen totalen Umbruch des DDR-Systems frei.

In Berlin am 1. August 2020 demonstrierte aber so gut wie niemand, weil es ihm schlecht ging, es handelte sich um eine Art Mode-Demonstranten.

Sie lachten und jauchzten, sie demonstrierten der Demo wegen.

Labten sich an immer größeren Teilnehmerzahlen.

Aber an einen Widerstand zur tatsächlichen Beseitigung des Systems dachte dabei niemand.

Meistens Träumer, die glaubten, ein System würde weichen, wenn nur genügend Leute auf die Straße gingen und sagten, wir wollen euch nicht mehr.

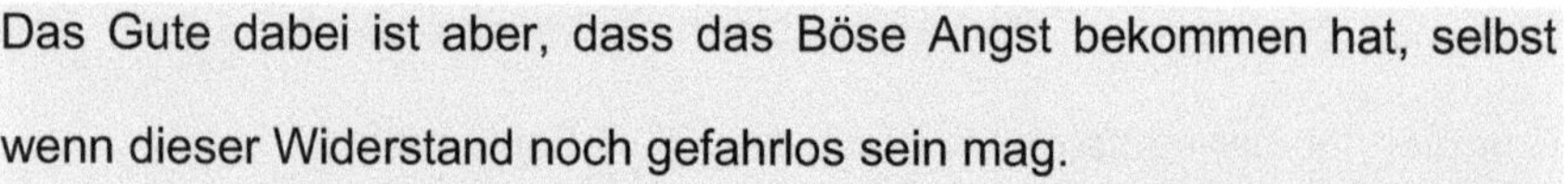

Das Gute dabei ist aber, dass das Böse Angst bekommen hat, selbst wenn dieser Widerstand noch gefahrlos sein mag.

Das System fürchtet sich vor allem, was sich regt.

So funktioniert nun einmal die Natur des schlechten Gewissens.

Wenn Merkel aus der DDR-Katastrophe gelernt hätte, würde sie die Corona-Demonstranten umschmeicheln und umwerben, denn das sind noch keine kampfbereiten Menschen, sondern Demonstrierer und vielleicht Debattierer.

Aber sie lässt ihre Kampftruppen, richtige Mörder, die **Antifa**, auf diese Leute ebenso los wie auf die kampferprobte Minderheit der Nationalisten.

Das weitet den Graben zwischen System und harmlosen Kritikern zur unüberwindbaren Schlucht.

Merkel hat nunmehr die Harmlosesten zu Feinden gemacht, wie sie die Edlen, die Nationalisten, genannt „Nazis“, zu Feinden hat.

Das ist Gottseidank systemischer Selbstmord.

Aber wirksam wird der Widerstand erst dann, wenn die echten Menschen mitmachen, die Arbeiter, vorher bleibt alles bei heißer Luft, die wie eine Windbö nur die Türe zu einem neuen Denken aufstößt.

Der wirkliche Widerstand wird im Herbst beginnen, wenn die Armut durch den fast totalen Zusammenbruch der Wirtschaft kommt.

Die echten Arbeiter werden auch keine Feiglinge mehr sein, sie werden sogar ihr Leben riskieren.

Es wird Tote geben.

Merkels Killer-Kommandos werden schießen wie in der DDR 1953 geschossen wurde.

Wahrscheinlich schwelgt Merkel in der falschen Hoffnung, der kommende Aufstand würde niedergeschlagen werden wie damals der vom 17. Juni 1953.

Tyrannen schätzen ihre Lage immer falsch ein, das liegt in ihrer Natur.

1953 konnte der Volksaufstand niedergeschlagen werden, weil das Sowjetregime mit Panzern die todesmutigen Menschen niederwalzte.

Aber 1989 verweigerte die Sowjetunion unter Gorbatschow das von Honecker erbettelte Eingreifen – und die DDR stürzte ein.

Heute wird Merkel in der BRD von Trump der Schutz durch die Besatzungstruppen entzogen – und so wird die BRD einstürzen wie die DDR 1989.

Merkel glaubt, mit dem Corona-Kriegsmaßnahmen die Gewaltvoraussetzungen geschaffen zu haben, um jeden Widerstand schon im Keim ersticken zu können.

Wieder ein Trugschluss.

Auch die DDR war ein total durchorganisiertes polizeiliches Terror-System, das am Ende die Massen ohne das Mitwirken der Besatzungstruppen nicht mehr kontrollieren konnte.

Das System kann Lockdowns verhängen wie es will, Kriegsgesetze nach Belieben erlassen, wenn die Not eintritt, geht es mit Gewalt auf die Straßen gegen das System.

Und jeder von Merkels Killern erschossene Widerständler wird den Widerstand noch weiter befeuern, bis das System gefallen ist.

1989 zogen in der DDR die Massen gegen das System zu Felde mit dem Ruf **„wir sind das Volk“**.

Am 1. August 2020 lautete die Parole **„Freiheit“**, die aber bei der wirklichen Revolution kaum noch gebraucht werden dürfte.

Die Massen werden rufen **„Arbeit und Brot – leben unter Deutschen**.“

Schicksalsgemeinschaft?

Angela „Reptil“ Merkel Nicolae Ceaușescu Erich Honecker

Erinnern wir uns bitte an Nicolae Ceaușescu, der neostalinistische Diktator Rumäniens, der nach 24 Jahren Amtszeit am 25. Dez. 1989 um 13.10 Uhr vor dem Militärtribunal mit seiner Ehefrau Elena in der Targovister Kaserne steht und völlig verzückt, fest in seiner Welt verankert, den Umsturz überhaupt nicht wahrnehmend, dem Staatsanwalt zuruft:

„Warte nur ab, was ich mit Dir anstelle, wenn das hier ausgestanden ist.“

100 Minuten später brachen er und seine Frau, durchsiebt von 90 Kugeln, tot zusammen.

Aber noch am 21. Dezember 1989 sprach Ceaușescu vor 100.000 jubelnden Menschen in Bukarest als plötzlich die Stimmung kippte und er eine Rede beenden und flüchten musste.

Vier Tage später war er tot.

Das Merkel-Subjekt scheint die grausamste kommunistische Vernichtungs-Orgie gegen uns entfesseln zu wollen, die je auf dieser Erde entfesselt wurde.

Bis wir sprichwörtlich alle tot sind, könnte man meinen.

Bezeichnend ist das Vorgehen gegen die Wehrlosesten, gegen unsere Kinder.

Sie werden in den Schulen mit den Corona-Masken geradezu gepeinigt und krank gemacht.

Eine Grausamkeit, wie sie noch nie zuvor in der Menschheitsgeschichte gegen Kinder angewandt wurde.

Mit den Krankmasken wird den Kindern der natürliche Umgang untereinander vereitelt, sie werden dadurch seelisch kaputtgehen.

Hunderttausende werden sterben, nicht an Corona, sondern an Merkels Corona-Peinigung.

Zudem bekommen die Kinder das Leid ihrer Eltern mit, das Merkel mutwillig in vielfältiger Weise mit dem Corona-Plan über die Familien gebracht hat.

Außerdem wird mit dem Corona-Schulprogramm die Bildung ebenso heruntergefahren wie die Wirtschaft mit den Lockdown-Maßnahmen.

Wir sollen künftig nicht mehr als Nation überleben, sondern als eine Art Steinzeitmenschen auf einem deindustrialisierten Kartoffelacker (Morgenthau) als Staatsgebiet verenden.

Diese Vernichtungsidee scheint festes Programm in Merkels Vorstellung bezüglich unserer Zukunft zu sein.

Vehement wird sie dabei von den Sozis, Grünen und Linken unterstützt.

Die anderen, die „Gelben“ und „Schwarzen“ machen ebenfalls mit, während sie geheuchelt „Kritik“ äußern.

Für die nicht denkfähige Noch-Mehrheit sieht es womöglich tatsächlich so aus, als handele es sich wirklich um Schutzmaßnahmen vor einem Virus, weil quasi die ganze Welt mitmacht.

Wer weiß schon, dass 90 Prozent aller Staaten von den internationalen Finanzprogrammen abhängig sind, die diese Maßnahmen als Bedingung vorschreiben, um an Geld zu kommen oder Handel treiben zu können.

Natürlich verwirrt es, dass auch Führer wie z.B. Putin, Orban, Johnson, die man nicht zu den Satanisten zählen kann, mitmachen.

Aber diese Potentaten wollen sich ihre Macht auch nicht mehr durch Wahlen stören lassen.

Sie sagen sich, *wenn die Globalisten für ihre Machtgier schon ihre Vasallen-Regierungen in Diktaturen verwandeln, warum sollen wir dann nicht auch davon profitieren, warum sollen wir unsere Macht nicht auch durch Corona-Wahlverbote zementieren.*

Da haben sie nicht Unrecht, und es ist in diesen Fällen zu unserem Vorteil.

Allein die sog. Diktatoren-Präsidenten Aljaksandr Lukaschenko (Weißrussland) und Jair Bolsonaro (Brasilien) fürchten ihre Bevölkerungen nicht, erlassen keine Lagergesetze (Lockdowns) gegen ihre Menschen.

In der westlichen Demokratie-Diktatur ist nur Schweden ausgeschert, hat nicht mitgemacht und ist gesund.

In Holland sind die Kriegsmaßnahmen gegen die eigene Bevölkerung nur sehr begrenzt erlassen worden.

Diese Zustände beweisen nur einmal mehr, dass die sog. „Demokratie“ schon immer eine Lüge oder ein Gehirngespinst war.

Das, was uns seit Jahrzehnten als „Demokratie“ aufgebunden wurde, war nur ein Instrumentarium, um einer kleinen Clique der Welt-Finanz-Globalisten, geführt von Juden der B’nai-B’rith-Geheimloge, die Macht bei uns zu sichern.

Der Corona-Aktivist Attila Hildmann meint, die B’nai-B’rith-Geheimloge sei eine zionistische Geheimorganisation.

Entweder zeugt diese Aussage von blankem Unwissen, oder er verwendet den Begriff „Zionisten“, weil der noch nicht strafbewehrt ist.

Das sollte zu denken geben, dass die Globaljuden wie Soros und Rothschild erlauben, die Zionisten für alles Mögliche zu beschuldigen, sie sogar für ziemlich alle Verbrechen verantwortlich zu machen, ohne strafrechtlich belangt zu werden.

Das heißt, dass zumindest die Originär-Zionisten die Feinde des Globaljudentums sind.

Tatsache ist, dass die Geheimloge **B'nai B'rith** nicht von Zionisten gegründet wurde, sondern von Talmudjuden aus Deutschland mit dem Ziel der Talmud-Erziehung, nicht aber nach zionistischen Werten.

Wahrscheinlich ist echten Zionisten sogar die Mitgliedschaft in der Loge verboten.

Dazu *Wikipedia*:

„B'nai B'rith (hebräisch בני ברית; deutsch ‚Söhne des Bundes'), auch Bnai Brith oder im deutschsprachigen Raum bis zur Zeit des Nationalsozialismus Unabhängiger Orden Bne Briss (U.O.B.B.) oder Bnei Briß genannt, ist eine jüdische Organisation.

Sie wurde im Jahre 1843 in New York als geheime Loge von zwölf jüdischen Einwanderern aus Deutschland gegründet.

Ein weiteres Ziel von B'nai B'rith ist die Aufklärung über das Judentum und die Erziehung innerhalb des Judentums.

Zurzeit gibt es rund 500.000 organisierte Mitglieder in ungefähr 60 Staaten.

Damit ist sie eine der größten jüdischen internationalen Vereinigungen.

Das Veröffentlichungsorgan ist die *B'nai B'rith International Jewish Monthly*."

Jewish Encyclopedia 1905

NERVOUS DISEASES: The Jews are more subject to diseases of the nervous system than the other races and peoples among which they dwell. Hysteria and neurasthenia appear to be most frequent. Some physicians of large experience among Jews have even gone so far as to state that most of them are neurasthenic and hysterical.

Jüdische Enzyklopädie 1905:

Juden leiden mehr unter Geisteskrankheiten

als alle anderen Völker und Rassen

Diese geheime, globale Macht mit ihren untergeordneten Kommandozentralen wie WHO, Weltbank, IWF usw. verrät mit ihren Handlungen, dass ihre Führer tatsächlich an einer Geisteskrankheit leiden.

Es ist noch nie in der Geschichte der Menschheit vorgekommen, dass ein Kaiser, König, Diktator oder Präsident die Idee hatte, eine Terrorherrschaft durch totale Wirtschaftsvernichtung und Armut zu erreichen.

Selbst die schlimmsten Despoten wollen stets eine Herrschaft auf Wohlstand begründen.

Das Gegenteil als Ziel zu verfolgen, wie es jetzt mit dem Corona-Weltkrieg verfolgt wird, setzt eine Geisteskrankheit voraus.

Dazu etwas Jüdisch-Amtliches:

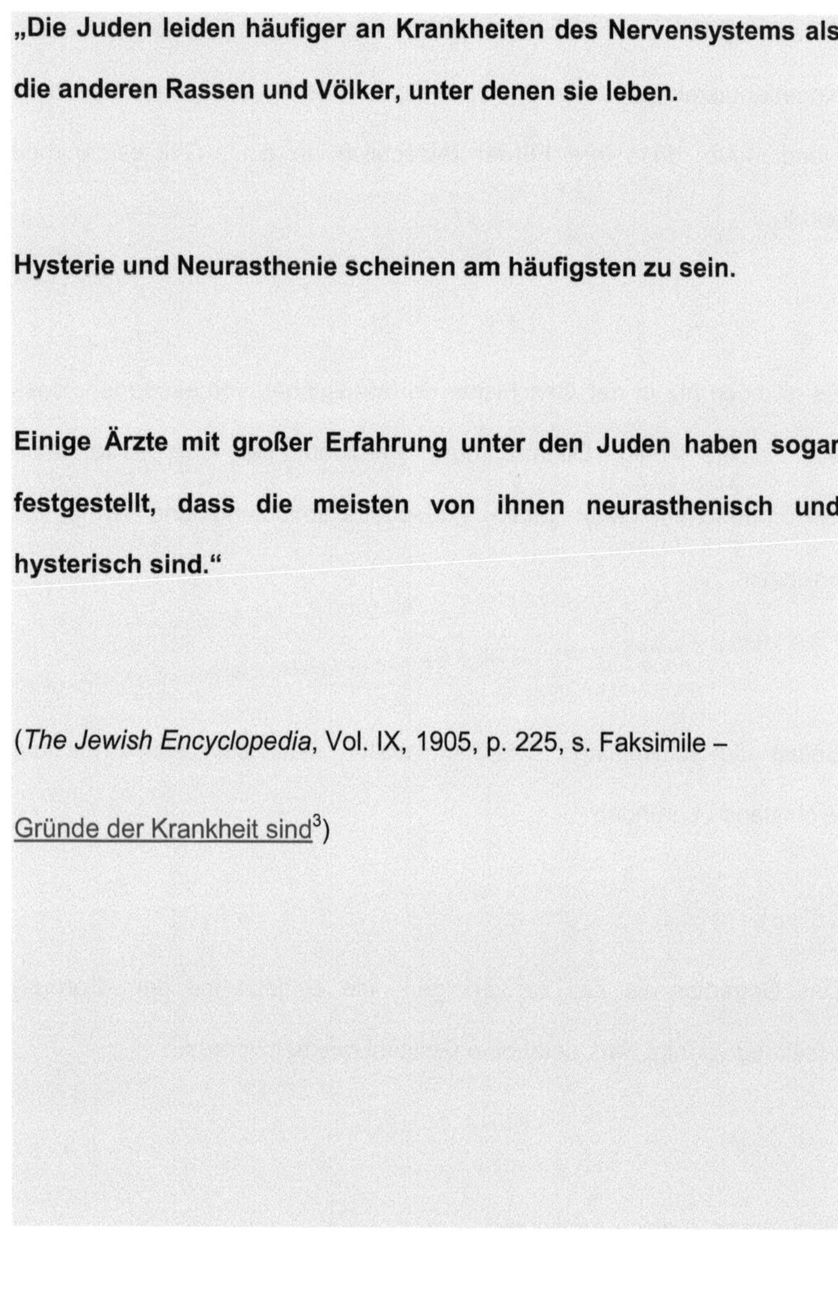

„Die Juden leiden häufiger an Krankheiten des Nervensystems als die anderen Rassen und Völker, unter denen sie leben.

Hysterie und Neurasthenie scheinen am häufigsten zu sein.

Einige Ärzte mit großer Erfahrung unter den Juden haben sogar festgestellt, dass die meisten von ihnen neurasthenisch und hysterisch sind.“

(*The Jewish Encyclopedia*, Vol. IX, 1905, p. 225, s. Faksimile – Gründe der Krankheit sind[3])

[3] Vgl. S. 39ff.

Natürlich ist die Corona-Menschenvernichtung als Kriegsziel eine Art Notwehr, weil sie mit einer geisteskranken Welt-Finanzpolitik alles zerstört haben, was man an lebensnotwendigen Fundamenten vernichten kann.

Wenn sie alle Menschen, besonders in der BRD und Europa, mit Corona kaputt gemacht haben, wird später mehrheitlich kaum gesagt werden, weil die Verdummtheit und die Ignoranz die Mehrheit stellt, dass wir durch eine geisteskranke Finanzpolitik vernichtet wurden.

Die Mehrheit wird sich fügen und sagen:

War halt eine Virus-Pandemie, dass wir alles verloren haben.

Allerdings ist der Ausgang noch nicht als Sieg für die Merkelisten sicher.

Wenn ab Herbst der totale Zusammenbruch kommt, können eine Million Lockdown-Gesetze die Massen nicht mehr stoppen.

Sie werden aus ihren Häusern strömen und nach Politikern Ausschau für die Abrechnung halten.

Keine Frage, sie werden sie finden.

Erst recht kommen dann die kampfbereiten, von den Merkelisten hereingeholten Killer-Armeen in Millionenstärke zum Kampfeinsatz.

Selbstverständlich fallen ihnen auch Tausende von Deutschen, hoffentlich hauptsächlich die Politisch-Korrekten, zum Opfer, aber sie suchen sich auch die Politiker, die sie für die ausbleibenden Alimentationen verantwortlich machen.

Vor allem wird dann nicht mehr helfen, die einen „Nazis“ und die anderen „Demokraten“ zu nennen, mit der sie bislang gespalten haben und sich damit an der Macht halten konnten.

Die Dame links,

Worte der Erweckung:

„Wir im Widerstand haben begriffen,

dass es mit der Spaltung Schluss sein muss.“

Einen Vorgeschmack auf diese Erweckung zeigte sich auf der Massen-Demo am 1. August, wo eine junge Frau (Bild links) die Systemlügen und die Systemhetze zur Teilung des Widerstandes vor der Kamera so entlarvte:

„Wir halten jetzt zusammen.

Die meisten von uns im Widerstand haben echt begriffen, dass es mit der Spaltung Schluss sein muss.

Wir können eine andere Meinung ertragen, auch wenn wir die nicht mögen.

Wir halten trotzdem zusammen, weil das da oben, was da gerade passiert, die ganze Korruption und die Lügen, das Verbrechen, das an uns ausgeübt wird, viel größer ist, als jede andere Meinung.“

Und diese Frau war nicht die Einzige, die so dachte an diesem Tag.

(S. Video-Quelle unten[4])

[4] Vgl. https://deutschelobbyinfo.com/2020/08/07/endkampf-gegen-den-politischen-welt-daemon-merkel-ist-2020-der-beginn-der-fortsetzung-von-1989/

Der immer heftiger werdende Bürgerkrieg in Amerika wird sein Übriges dazu beitragen, dieses grauenhafte, geisteskranke Weltsystem ein für allemal zu vernichten.

Denn eine Nato wird es schon bald nicht mehr geben, dafür hat US-Präsident Donald Trump gerade die Weichen gestellt.

Somit gibt es keinen Schutz mehr für das Merkelisten-Regime.

Die waffentechnisch und kampfmoralisch vernichtete Bundeswehr wird diese Schutzaufgabe nicht übernehmen können und wollen.

Die Gesunden jungen Männer der Bundeswehr machen das Spektakel ohnehin nur mit, um am Tag-X gegen das Regime mit Waffen losschlagen zu können.

Weder China noch Russland werden das Merkelisten-Regime schützen.

Trump-Amerika wird den Krieg gegen Merkels China verschärfen. Gleichzeitig bricht mit dem Brexit die EU auseinander.

Dieses Szenario überleben die Merkelisten politisch mit noch so vielen Lockdown-Gesetzen gegen uns nicht mehr.

Die FAZ kommentiert diese für die Merkelisten ausweglose Lage so:

„Auf wessen Seite stehen wir und die EU in diesem Kräftemessen zwischen USA und China.

Über keine dieser Fragen wird in der deutschen Politik ernsthaft geredet.

Das Land hat den Klimawandel zum Hauptproblem erklärt und in den vergangenen Jahren einfach die Augen davor verschlossen, dass es strategisch in eine Sackgasse geraten ist.

Diese alte Weltordnung zerbröselt gerade vor unseren Augen.“

(FAZ, 02.08.2020, S. 8)“[5]

---

[5] Vgl. https://deutschelobbyinfo.com/2020/08/07/endkampf-gegen-den-politischen-welt-daemon-merkel-ist-2020-der-beginn-der-fortsetzung-von-1989/

II. Blutbund[6]:

„Angriff auf den Zeremonienmeister des Blut-Bundes

Was wird mit dem Richter geschehen, der die Praktiken des "Mohels" als strafbar aburteilte?“ [7]

[6] Vgl. http://concept-veritas.com/nj/12de/juden/angriff_auf_den_blutbund.htm
[7] Vgl. http://concept-veritas.com/nj/12de/juden/angriff_auf_den_blutbund.htm

Das Landgericht Köln urteilte unter dem Aktenzeichen Az. 151 Ns 169/11, der Körper des Kindes werde durch die in Islam und Judentum verbreitete Beschneidung **"dauerhaft und irreparabel verändert und läuft dem Interesse des Kindes, später selbst über seine Religionszugehörigkeit entscheiden, zuwider."**

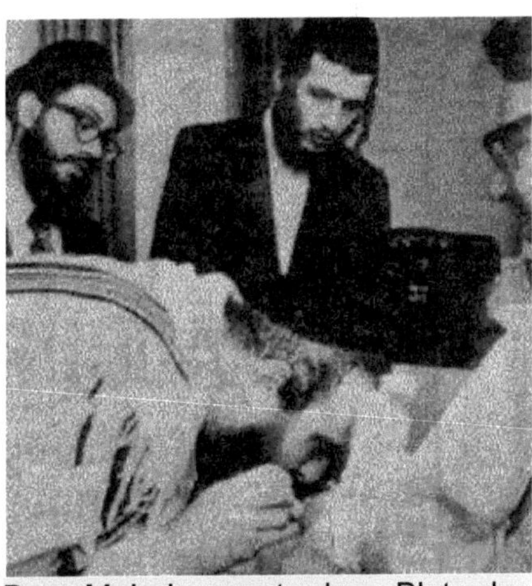

Der Mohel saugt das Blut des beschnittenen Säuglings ab und überträgt so alle möglichen Krankheiten, die in zahlreichen Fällen zum Tod führen.

Außerdem wird durch die Nervendurchtrennung in diesem frühen Kindesalter ein posttraumatischer Schock beim Säugling ausgelöst, was laut wissenschaftlichen Erhebungen sehr oft zu geistiger Instabilität im Verlauf des Lebens führt.

Der Spiegel war das erste System-Medium, das die Brisanz es Urteils erkannt hatte:

"Es ist ein Urteil mit großer Wirkung: Das Landgericht Köln hat entschieden, dass die Beschneidung von Jungen aus religiösen Gründen strafbar ist." [1]

Und selbstverständlich trat der Führer des im Zentralrat organisierten Judentums, Dieter Graumann, empört vor die Fernsehkameras und wetterte gegen das Urteil als einen **"beispiellosen und dramatischen Eingriff in das Selbstbestimmungsrecht der Religionsgemeinschaften."**

Graumann weiter:

"Diese Rechtsprechung ist ein unerhörter und unsensibler Akt." [2]

Bei seinem nächsten Auftritt ging Graumann noch weiter und interpretierte das vom Landgericht Köln unter Strafe gestellte Blutritual sogar als einen *Anschlag auf das Leben der Juden*, frei nach dem sattsam bekannten Holocaust-Ritual:

"Das Urteil zu Ende gedacht würde bedeuten, dass jüdisches Leben in Deutschland faktisch unmöglich gemacht wird.

Die Beschneidung von Jungen ist ein fundamentaler Bestandteil der jüdischen Religion, der in allen anderen Ländern der Welt respektiert

wird." [3]

Graumann prahlte bei dieser Gelegenheit damit, dass die männlichen Nachkommen der englischen Königsfamilie von Rabbinern nach dem jüdischen Ritus beschnitten werden.

Es wird vielfach argumentiert, dass Prinzessin Diana auch deshalb ermordet wurde, weil sie sich weigerte, ihre beiden Söhne beschneiden zu lassen.

Das jüdische Blutritual gilt als Opfer an "Gott", um im Gegenzug durch den "Blutbund" mit diesem "Gott" die Macht und Kontrolle über diesen Planeten ausüben zu dürfen.

Wenn sich wichtige Gojim-Gruppen diesem Ritual unterwerfen, so die Annahme, würde ihre Macht nur noch vollkommener werden.

Deshalb das Prahlen mit der Beschneidung der englischen Königsfamilie durch einen "Mohel".

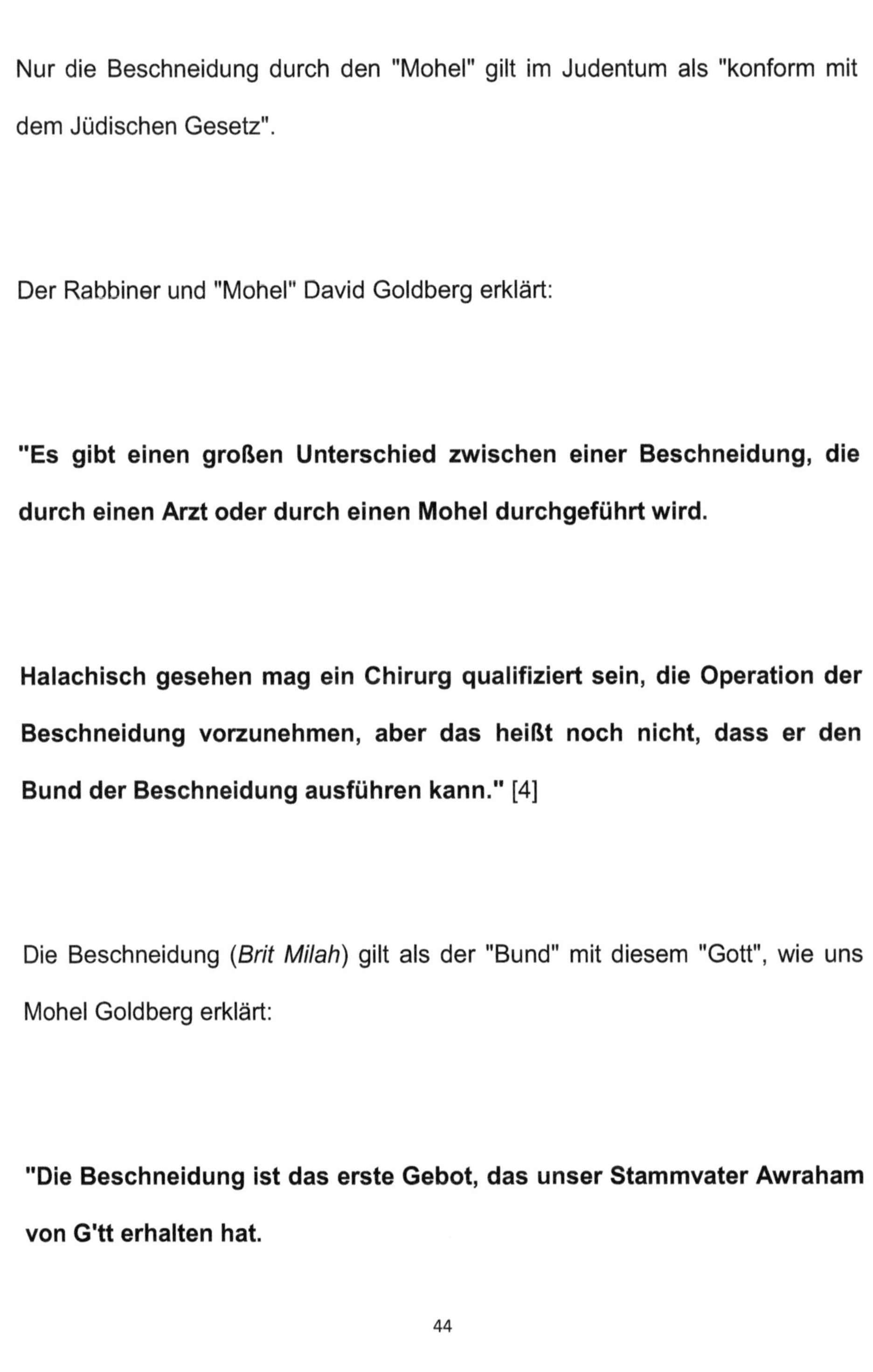

Nur die Beschneidung durch den "Mohel" gilt im Judentum als "konform mit dem Jüdischen Gesetz".

Der Rabbiner und "Mohel" David Goldberg erklärt:

"Es gibt einen großen Unterschied zwischen einer Beschneidung, die durch einen Arzt oder durch einen Mohel durchgeführt wird.

Halachisch gesehen mag ein Chirurg qualifiziert sein, die Operation der Beschneidung vorzunehmen, aber das heißt noch nicht, dass er den Bund der Beschneidung ausführen kann." [4]

Die Beschneidung (*Brit Milah*) gilt als der "Bund" mit diesem "Gott", wie uns Mohel Goldberg erklärt:

"Die Beschneidung ist das erste Gebot, das unser Stammvater Awraham von G'tt erhalten hat.

Die Brit Mila ist eines der wichtigsten Gebote im Judentum.

In der Torah steht:

'Beschnitten werde bei euch jegliches Männliche und dass dies zum Bundeszeichen werde zwischen mir und euch' (Gen. 17:10).

In der Torah wird das Wort 'Brit' (Hebr. Bund) 13x in Zusammenhang mit Beschneidung erwähnt.

Unsere Weisen sagen, dass die Brit Mila als eines der Größten aller Gebote gilt." [5]

Mit der Beschneidung soll sich das Judentum auch von allen anderen Völkern abgrenzen, nicht vermischen, "rein" bleiben und damit über alle anderen Völker herrschen.

Dazu noch einmal Rabbiner und "Mohel" David Goldberg:

"In der jüdischen Geschichte war die Brit Mila einer der jüdischen Bräuche, die am stärksten verfolgt wurden.

Auch unter dem Sowjetregime wurden die meisten jüdischen Knaben nicht beschnitten.

Dies war eine der Methoden, jüdisches Brauchtum zu unterdrücken, in der Hoffnung, dass die Juden dann die Weltanschauung ihrer Unterdrücker annehmen würden und sich assimilierten." [6]

Es gehört schon eine gewaltige Portion geistiger Verbogenheit dazu, als Nichtjude die Geschichte zu akzeptieren, "Gott" würde einen obszönen Blutsbund mit einem bestimmten Volk schließen wollen.

Im Gegenteil, erst vor diesem Hintergrund machen die Worte des christlichen Erlösers Sinn, wonach die Juden einen Bund mit dem Teufel, nicht mit Gott, geschlossen haben.

In Johannes stellt Jesus für alle überdeutlich klar, dass sein Vater (Gott), nicht der Gott der Juden ist.

Deshalb wurde Jesus gesandt, das Judentum den Klauen des Teufels zu entreißen, wie Jesus berichtet.

Der "Gott" der Juden, so Jesus in Johannes, *"ist ein Lügner und Menschenmörder von Anbeginn".*

Wenn man das Alte Testament (Torah) studiert, dann werden die Worte Jesu begreiflicher, denn alles, was für uns Sünde ist, sind für sie (wenn an Nichtjuden verübt) gottgefällige Taten.

Und diese, von Jesus Christus abgewandte Lebensweise soll mit dem Beschneidungs-Ritual "heilig" sein?

Zu diesen schrecklichen Blutritualen gehört natürlich auch das grausame Morden an den unschuldigen Tieren (schächten), was übrigens gegen jedes Tierschutzgesetz verstößt.

Professor Ariel Toaff, der an der Universität Tel Aviv lehrt, veröffentlichte 2007 das Buch "Blut-Pessach", in der er akribisch die Schächtmorde an vorwiegend nichtjüdischen Kindern im Mittelalter auflistete.

Das Blut der grausam Ermordeten sei gemäß jüdischen Zeugenaussagen traditionell als Speisezutaten verwendet worden, so Toaff. [7]

Zuständig für die Schächtmorde an meist nichtjüdischen Kindern und Jugendlichen war immer der "Mohel".

Es herrscht unter der Judenheit eine nicht zu leugnende Blutbesessenheit.

Wenn die männlichen Säuglinge am 8. Tag beschnitten werden, saugen viele Rabbiner das Gliedchen des Kindes ab, sie trinken das Blut. [8]

Es handelt sich um das Ritual des oralen Blutabsaugens; hebräisch *metzitzah b'peh* genannt.

Diese absonderliche Handlung soll angeblich den Eintritt in den Bund mit diesem "Gott" besiegeln, da versagt der normalmenschliche Verstand.

Auch Professor Ariel Toaff widmet dieser Praxis viel Raum in seinem Buch "Blut Pessach".

Er berichtet, dass sich früher die Frauen darum rissen, die blutige Vorhaut des beschnittenen Säuglings zu verschlingen.

Wenn die Propagandisten des Blut-Rituals erklären, die Beschneidung sei ungefährlich, dann ist das falsch.

Die von den Beschneidungen herrührenden zahlreichen Todesfälle [9] werden gewöhnlich anderen Ursachen zugeordnet.

Überdies wagt sich keine Staatsanwaltschaft dahingehend Ermittlungen anzustellen, wegen der sogenannten Heiligkeit der "jüdischen Religion".

Wir wissen überdies aus jüdischen Lexika, dass unter den Juden Geisteskrankheit weiter verbreitet ist, als bei allen anderen Völkern auf der Erde. [10]

Diese wissenschaftliche Erhebung wird durch vielfältige Aussagen aus jüdischen Kreisen untermauert wie zum Beispiel mit dieser:

"Der in den Vereinigten Staaten lebende [jüdische] Literaturwissenschaftler Benjamin Harshav vertrat die provozierende These:

»Vielleicht sind die Juden nicht so sehr durch ihre hohe Intelligenz wie durch ihre gestörte Psyche gekennzeichnet«." [11]

Hat diese überproportionale Häufigkeit von Geisteskrankheit einen spezifischen Grund?

Von namhaften Wissenschaftler[n] wurden tiefgreifende Studien durchgeführt, die zu dem Ergebnis führten, dass die Beschneidung am 8. Tag bei den Säuglingen einen posttraumatischen Schock des zentralen Nervensystems auslöst.

Die bei dem Eingriff verstümmelten oder entfernten Nerven, die direkt zum Gehirn führen, in diesem Frühstadium des Lebens, verändern offenbar sehr oft die Psyche des Beschneidungsopfers. [12]

Manche wenden ein, dass auch die Moslems beschnitten werden.

Das ist richtig, aber in der Regel werden Kinder zwischen 7-10 Jahren beschnitten.

Also nachdem sich das zentrale Nervensystem ausgebildet hat.

Auffallend ist allerdings, dass die Heilige Schrift der Moslems sehr viele Übereinstimmungen mit dem Jüdischen Gesetz (insbesondere mit den Grausamkeiten wie zum Beispiel Schächten) aufweist.

Dies rührt nach neuesten Forschungsergebnissen daher, dass der Koran weitestgehend von der Torah abgeschrieben wurde.

"Christoph Luxenberg fordert ein neues Leseverständnis von der Heiligen Schrift der Moslems.

Mit seinem Buch 'Die syro-aramäische Lesart des Koran' hat Christoph Luxenberg nicht nur die Fachwelt verstört.

Der Semitist übersetzt das heilige Buch der Moslems mit einer neuen Methode - und kommt in Teilen zu völlig neuen Schlüssen.

... 'Ich bin nämlich von der Überlegung ausgegangen, dass zur Zeit der Entstehung des Korans das Arabische noch keine Schriftsprache war.

Daraus ergibt sich die Frage, woher die Araber plötzlich diese grammatisch so perfekte Sprache gehabt haben sollen.

... Der Koran spricht oft von der Schrift und vom Glauben an sie.

Er will nichts anderes sein als eine Erklärung der Schrift in arabischer Sprache.

Außerdem heißt es da an die Adressen der Gläubigen, die damals noch nicht Moslems hießen:

»Ihr glaubt ja an die gesamte Schrift.«

Damit sind das Alte und Neue Testament gemeint, die der Koran nennt'." [13]

Selbstverständlich wird das jetzt an den Pranger der Lobby-Medien gestellte

Kölner Landgerichts-Urteil, das allein dem international anerkannten Menschenrecht auf körperliche Unversehrtheit Rechnung trägt, nicht bestehen bleiben.

Der BRD-Gesetzgeber wird erneut ein Gesetz verabschieden, das den Wünschen "Satans" gerecht wird.

Schächten wird schließlich auch gestattet.

1 spiegel.de, 26.06.2012

2 spiegel.de, 26.06.2012

3 Tagesschau.de, 27.06.2012

4 beschneidung-mohel.de

5 beschneidung-mohel.de

6 beschneidung-mohel.de

7 Die jüdischen Ritualmorde, Buch bei Concept-Veritas erhältlich.

8 "Nach dem jüdischen Gesetz muss der Mohel (Beschneider) das Blut des beschnittenen Säuglings von der Wunde entfernen.

Während viele Mohels ihre Hände benutzen, praktiziert Rabbi Fischer die Wundsäuberung gemäß metzizah bi peh.

D. h. er nimmt das blutende Glied in den Mund und saugt das Blut ab." (

New York Daily News, 02.02.2005)

9 "Es gibt einen guten Grund anzunehmen, dass die häufigen Todesfälle durch Beschneidung anderen Ursachen zugeordnet werden.

Wenn zum Beispiel ein Kind an Meningitis stirbt, dass durch die Beschneidung übertragen wurde, wird der Tod in der Regel der Krankheit Meningitis zugeordnet.

Tatsache ist, das Kind hätte ohne die Übertragung durch die Beschneidung keine Meningitis bekommen."

(cirp.org, 14.05.2012)

10 Das Wissenschaftsmagazin "Psychiatric News", Ausgabe vom 25. Oktober 1972, herausgegeben von der Amerikanischen Psychiatrischen Vereinigung (American Psychiatric Association) veröffentlichte einen

Beitrag von Dr. Arnold A. Hutschnecker.

Dr. Hutschneckers Studie mit dem Titel "Geisteskrankheit: Die jüdische Krankheit" (Mentall Illness: The Jewish Disease) kommt zu dem Ergebnis, dass "Geisteskrankheit unter Juden hoch ansteckend ist und Juden der Herd der Krankheit sind."

11 Allgemeine Jüdische Wochenzeitung, Bonn, 12.7.1990

12 Marilyn Milos, Director of NOCIRC, an organization that seeks to end routine neonatal circumcision in North America, says, "This is the first time an article addresses the long-term psychological trauma.

The trauma is significant for babies, resulting in Post-Traumatic Stress Disorder.

"Half of all men who were circumcised as babies have some degree of PTSD.

PTSD is what happened to men who went to Vietnam, and parents are doing it to their babies," said J. Steven Svoboda, Executive Director of Attorneys for the Rights of the Child, a lawyer and co-author of the study.

(CIRCUMCISION RESOURCE CENTER, P.O. Box 232, Boston, MA 02133, Tel/Fax (617)523-0088, http://www.circumcision.org crc@circumcision.org)

13 Die Welt, 29.09.2004, S. 28

Printed by Books on Demand GmbH, Norderstedt / Germany